Lb 48 670

Le Mans
1816

Bazin, Rigomer

Cathéchisme politique à l'usage des constitutionnels, suivi de Tout est bien

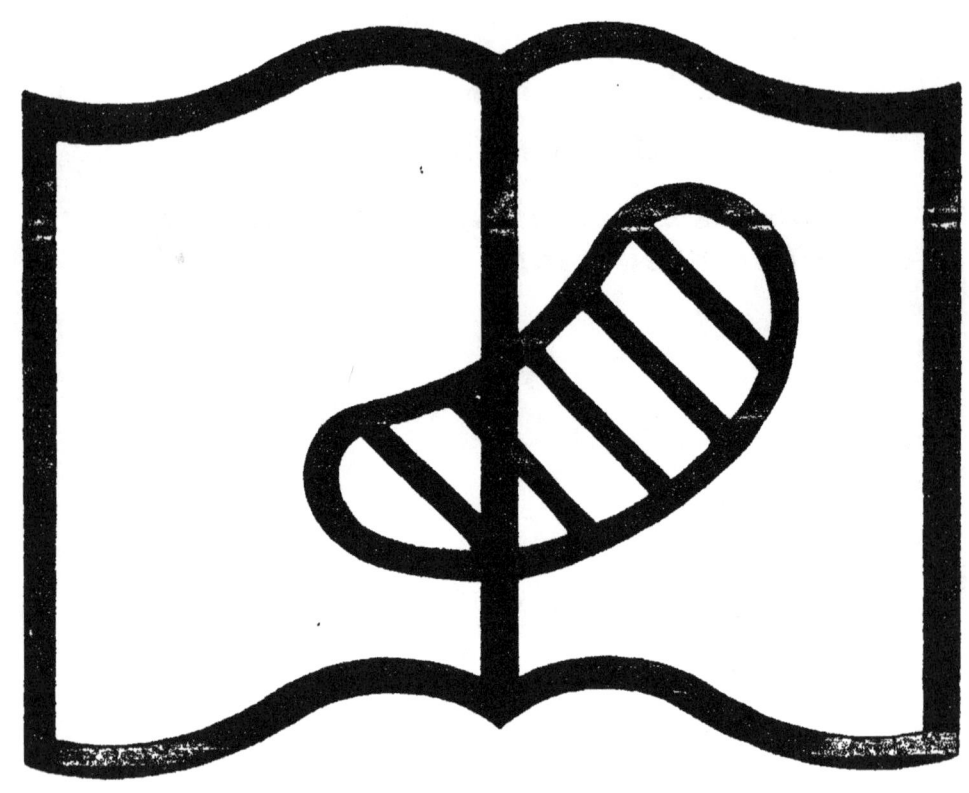

Symbole applicable
pour tout, ou partie
des documents microfilmés

Original illisible
NF Z 43-120-10

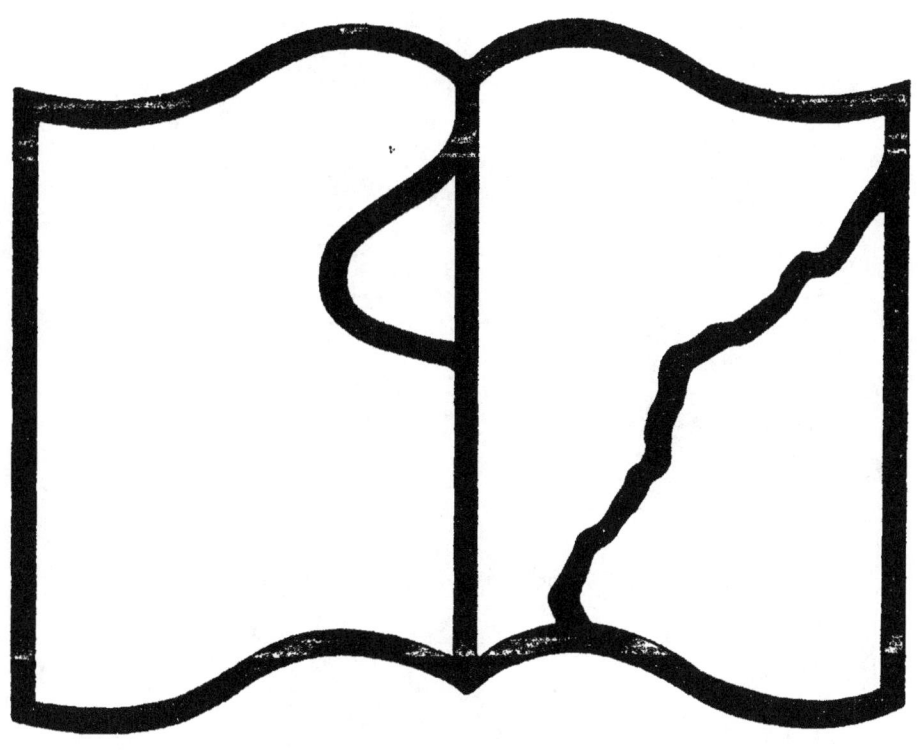

Symbole applicable
pour tout, ou partie
des documents microfilmés

Texte détérioré — reliure défectueuse

NF Z 43-120-11

CATÉCHISME
POLITIQUE

Prix 30 centimes.

CATÉCHISME
POLITIQUE,

A L'USAGE DES CONSTITUTIONNELS;

SUIVI DE

TOUT EST BIEN.

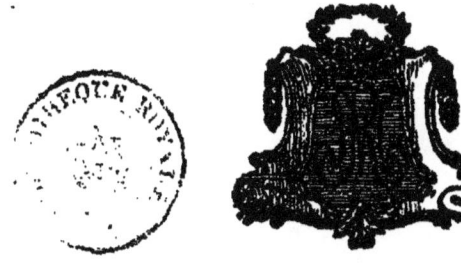

AU MANS,

Chez l'Auteur, rue Sainte-Ursule, N.° 8.

1816.

CATÉCHISME

POLITIQUE,

A L'USAGE DES CONSTITUTIONNELS.

DEMANDE. Qu'est-ce que le roi?

RÉPONSE. C'est le chef d'un peuple libre. Il a fait une charte (1) pour donner des bornes à sa propre puissance; pour consacrer l'égalité des Français devant la loi, et les droits qui en dérivent; pour leur recommander l'oubli du passé; pour que les anciennes inimitiés cessent; et pour que la concorde, assise à côté de lui sur le trône, règne sur nos cœurs, gouverne nos sentimens et nos actions.

---

(1) Terme féodal exprimant certains actes par lesquels les rois de France et les grands-vassaux faisaient jadis, soit à des corporations, soit à des particuliers, des concessions de terres ou de priviléges. En Angleterre on étendit le sens de ce mot au point de s'en servir pour indiquer les actes qui renfermaient les concessions faites par des rois à la nation entière.

Demande. Qu'est-ce que la noblesse ?

Réponse. C'est l'illustration acquise par de grands services rendus à la patrie.

D. Est-elle héréditaire ?

R. Elle ne l'est point moralement : car le fils d'un noble cesse moralement d'être noble, dès qu'il déroge aux vertus de son père.

Elle l'est politiquement, en ce sens que le titre qui la confère passe de mâle en mâle à l'aîné de la famille ; et ne l'est plus, en cet autre sens que la propriété d'un noble n'est plus privilégiée. La terre ne fait plus le noble, et la noblesse n'est plus un corps. De sorte que l'on pourrait dire : *Il y a des nobles en France, et point de noblesse.*

D. Qu'est-ce que la pairie ?

R. C'était jadis une haute dignité féodale. Maintenant il n'y a plus de pairie, mais une chambre des pairs, (1) que l'on peut regarder comme représentant la portion la plus illustre, la plus riche et la plus mûre du peuple français. Le roi en est l'unique électeur ; il les nomme à vie ou les rend héréditaires. Leur principale fonction est d'examiner les projets de loi délibérés dans la chambre des députés, pour déclarer

---

(1) Ce mot vient, dit-on, du latin *pares*, égaux entr'eux ; il serait meilleur de le faire venir du mot *patres*, pères. Les Romains appelaient leurs sénateurs *pères conscrits*. Sénateur vient de *senex*, vieillard ; *senior*, plus vieux ; d'où le titre féodal *seigneur*.

que ces projets peuvent ou ne peuvent pas être soumis à la sanction du roi.

D. Que sont ces députés?

R. Nos représentans, les défenseurs, les gardiens spéciaux de nos libertés, chargés de délibérer les premiers sur la confection des lois; nommés par des électeurs que le peuple choisit sur la liste des forts contribuables.

D. Quelle différence faites-vous entre la nation et le peuple?

R. La nation renferme tous les Français, gouvernans et gouvernés; le peuple ne renferme que les gouvernés (1).

D. Qui sont les gouvernans?

R. Ceux que le roi a chargés du soin des affaires publiques. Ils forment ce qu'on appelle le gouvernement et l'administration.

D. Quelle différence y a-t-il entre gouverner et administrer?

R. On administre les choses, et l'on gouverne les hommes. L'administration s'attache au matériel, le gouvernement au moral. L'une et l'autre sont inséparables; mais l'une n'est que l'instrument de l'autre. En un mot, l'état social est un corps dont le peuple est le

―――――――――――――――

(1) C'est ainsi que l'on disait à Rome: *senatus populusque romanus*, le sénat et le peuple romain, et qu'on a toujours dit: les peuples et les rois. Depuis trente ans on a souvent pris, en France, la nation pour le peuple.

tronc, l'administration les membres, le gouvernement la tête, le roi le cœur, et la loi le principe vital. Le bien général naît de l'harmonie de ces divers élémens entr'eux, et leur désunion engendre tous les malheurs politiques.

D. Les élémens du corps social pourraient-ils être réduits à deux : le roi et le peuple?

R. Oui, nominativement; non, par le fait. Un despote, comme un roi constitutionnel, a besoin du secours d'une partie de ses sujets pour gouverner le reste. La différence est que le despote s'environne d'esclaves intéressés à lui déguiser la vérité, et le roi constitutionnel d'hommes libres intéressés à la lui dire.

D. Qu'est-ce que la loi?

R. C'est un acte délibéré dans les deux chambres, sanctionné par le roi, transmis par les ministres aux agens préposés à son exécution.

D. La loi peut-elle être interprétée par les ministres et par leurs subordonnés?

R. Non : hors le sens littéral, plus de loi. Toute loi interprétée est violée, et toute interprétation appartient à la seule puissance législative.

D. Quelle est la garantie du citoyen contre la violation de la loi?

R. La garantie du citoyen est premièrement dans le droit de remontrance envers le fonctionnaire qui a violé la loi; secondement, dans le droit de réclamation envers le ministre que cela concerne; troisièmement, dans le recours aux tribunaux; quatrièmement, dans l'adresse au roi ; cinquièmement, dans le droit de pétition aux deux chambres ; sixièmement, dans l'opinion publique.

La remontrance doit être juste et respectueuse ; la réclamation, ferme, détaillée, mais précise ; le recours aux tribunaux, circonspect et courageux ; la pétition, pleine de dignité ; l'adresse au roi, pleine de confiance ; l'adresse à l'opinion publique, sage, retentissante et forte.

Tous ces droits sont assurés au citoyen le plus faible et le plus obscur, par la charte, les codes et la presse.

D. La liberté de la presse existe-t-elle en France?

R. Elle existe à présent pour tous les écrits.

Les délits de la presse ne peuvent être que réprimés, et non prévenus par l'action des tribunaux.

D. L'administration peut-elle en connaître?

R. Non, si ce n'est pour les constater et les déférer au ministère public, après que l'écrit a été mis en vente.

D. Qu'est-ce que l'opinion publique?

R. C'est le contre-poids de l'autorité publique. Elle se forme du concours des opinions particulières, et sort de la conscience du peuple. Elle juge les hommes, les sentimens et la conduite. Ses jugemens de première instance ne sont pas toujours dictés par la droite raison ; mais elle ne manque pas de les rectifier avec le temps ; car elle seule a le pouvoir de reviser, de modifier et de casser ses propres arrêts. Chez un peuple agité par des révolutions, l'esprit de parti fait taire l'opinion publique; il la renverse de son tribunal et se met à sa place; mais le héros du jour est souvent la victime du lendemain. Les fausses réputations et les faux jugemens passent avec le torrent révolutionnaire, et le premier instant de repos est celui où l'opinion publique reprend tous ses droits.

D. La même volonté peut-elle diriger, en même temps, le gouvernement et l'opinion publique?

R. Non. L'opinion publique est un flambeau qui éclaire la conduite et la marche des gouvernemens. S'ils le tenaient dans leurs mains, ils seraient maîtres de l'éteindre; et la nation pourrait, d'un moment à l'autre, retomber dans les ténèbres.

D. Qu'est-ce que la patrie?

R. Une grande famille qui se conserve par l'égalité de droits entre ses membres, et qui se dissout par la tyrannie. Dès qu'il n'y a plus qu'un maître et des esclaves, la patrie meurt, et la nation végète comme un troupeau, pour servir de pâture à son propriétaire.

D. Qu'est-ce qu'un patriote?

R. C'est un bon frère.

D. Qu'est-ce que la révolution française?

R. Cette révolution a été le mouvement du tiers-état pour que la noblesse et le clergé partagent avec lui les charges de la société, et pour qu'il en partage les bénéfices avec eux. Elle s'est prolongée par la résistance; elle a dévié de son but par la corruption ou l'inhabileté de ses chefs; elle y est arrivée par la force des choses, et elle va finir par le besoin du repos.

D. A quels signes reconnaîtra-t-on en France la véritable opinion publique?

R. Au calme et à l'impartialité de ceux qui la dirigeront, à la stricte et scrupuleuse exécution des lois, à l'émission franche et décente de la pensée sur toutes les questions d'un intérêt général; enfin, à la formation de l'esprit public.

D. Qu'est-ce que l'esprit public?

R. C'est ce que nous ne connaissons point encore en France. L'esprit public est comme une seule ame qui respire dans tous les citoyens d'une même patrie. Il faut qu'un peuple ait contracté l'habitude d'être en même temps soumis et libre, pour qu'il soit digne d'avoir un esprit public. Toutes les différences de conditions, de caractères, de mœurs, d'opinions religieuses et politiques disparaissent devant l'action de cette faculté éminemment conservatrice. En Angleterre, par exemple, il y a beaucoup de sectes religieuses, il y a des ministériels, des wighs, des indépendans : ces sectes et ces partis sont continuellement aux prises; mais aussitôt que l'intérêt national parle, l'esprit public est là : il n'y a plus que des Anglais. L'opinion publique est populaire; l'esprit public est national.

D. Qu'est-ce que l'opposition?

R. C'est la résistance constitutionnelle du parti populaire au parti des ministres.

D. Comment ces partis se forment-ils?

R. Ils se forment dans une révolution entreprise par l'esprit de liberté, et se régularisent après que cette révolution est finie. Le besoin de repos fait naître un pacte en vertu duquel le principe du gouvernement est modifié ou changé; mais le parti qui s'était opposé à ce changement reprend la direction des affaires, tandis que le parti contraire garde la direction de l'opinion publique: ainsi se forment le ministère et l'opposition. Quand le ministère gouverne dans le véritable intérêt de la nation, l'opposition n'est que factice; elle a seulement lieu pour n'en point perdre l'habitude, et ne s'exerce même que par la portion aristocratique qui ne gouverne pas, et voudrait renverser celle qui gouverne pour se mettre à sa place. Mais quand les ministres compromettent l'intérêt public, l'opposition devient réelle et formidable, parce qu'elle a pour chefs des hommes investis de la confiance du peuple, d'énergiques tribuns dont l'éloquence et le courage ne se fatiguent point.

D. Y a-t-il une opposition en France?

R. Oui; mais par une singularité remarquable, l'opposition actuelle semble être à la fois contraire aux lois, à l'intérêt du trône et à celui du peuple.

D. Pourquoi?

R. Elle serait contraire aux lois, puisqu'elle tendrait à l'abolition de la charte; à l'intérêt du trône, puisque l'auteur de cette charte est le roi lui-même; à l'intérêt du peuple, puisque le rétablissement de l'ancien régime serait son but. Il résulterait de là que les ministres actuels seraient les défenseurs des lois, du trône et du peuple.

D. Quelle est la cause de cette singularité?

R. La voici : Les biens des émigrés et du clergé ont été vendus. D'anciens possesseurs de ces biens ont nourri, pendant vingt ans, l'espérance de les recouvrer; ils sont rentrés avec cette espérance; mais le grand nombre de gens intéressés au maintien de l'aliénation a été un obstacle invincible à l'accomplissement de leurs desirs. S'ils se fussent franchement soumis au sacrifice, ils auraient été ce que furent et ce que sont encore les *torys*, c'est-à-dire les nobles anglais; ils se seraient remis en possession du gouvernement. S'ils ne le font point encore, leur entêtement retardera la fin de la révolution, en empêchant l'ordre naturel de se rétablir. Lorsque la force des choses les aura ployés sous son joug, lorsqu'il n'y aura plus pour eux d'autre alternative qu'une ruine totale ou l'obéissance, l'opposition cessera d'être illibérale et anti-constitutionnelle; et ils trouveront, les uns dans les hautes fonctions de l'administration, de la magistrature et du gouvernement, les autres dans le ministère évangélique, la compensation de leurs pertes.

D. Un peuple pourrait donc rester libre, bien que son gouvernement fût entre les mains des ennemis de la liberté?

R. Avec une constitution, des représentans, des juges inamovibles, le jugement par jurés, la liberté de la presse et un esprit public, un peuple n'a rien à craindre.

D. Si, à la place d'un bon roi, la France eût eu un Caligula, que serait-il arrivé?

R. Le tyran n'eût point fait de charte; il eût gouverné par ses ordonnances; il se fût composé une armée de satellites dévoués à ses ordres sanguinaires; il eût dit à l'ancienne noblesse de reprendre ses priviléges et ses biens confisqués; à l'ancien clergé, de rentrer dans ses domaines; au peuple, d'étouffer ses plaintes sous peine d'exécution militaire: mais il n'aurait trouvé, ni au-dedans ni au-dehors, la force dont il aurait eu besoin pour contenir l'élan de l'indignation et du désespoir. Les puissances étrangères lui auraient refusé leurs secours; son parti se fût réduit à quelques prêtres séditieux, à quelques nobles en démence; et tout ce qu'il y a d'honorable en France eût passé du côté de la nation.

TOUT EST BIEN.

Monsieur l'abbé Vinson, en expliquant le concordat au roi, se laisse emporter trop loin par le zèle évangélique. Le procureur du roi parle, et M. l'abbé Vinson publie un mémoire justificatif où le bon sens est d'accord avec le talent et l'esprit, où la charte est proclamée une loi de fidélité, d'obéissance et d'amour: tout est bien.

M. de Châteaubriand publie un manifeste contre tout ce qui a pris une part quelconque à la révolution, c'est-à-dire contre les neuf dixièmes de la nation française; et une l'ordonnance du roi nous apprend que ce manifeste n'est que celui de M. de Châteaubriand: tout est bien.

Dans certain départemen les élections étaient alarmantes; et dès la première séance de la chambre des députés, on a pu se convaincre que la majorité d'entre eux est fortement constitutionnelle: tout est bien.

Dans certain départemen, on doute encore s'il y a une constitution; patience: le roi, les députés et les ministres sont constitutionnels: tout est bien.

Des hommes se sont faits ennemis des Bourbons sous Bonaparte, et de Bonaparte sous les Bourbons. Chargés des bienfaits de l'usurpateur, ils demandent au prince légitime la récompense de leur fidélité ; ils sauront toujours préparer leurs flatteries du jour et leurs insultes du lendemain pour la puissance du moment. Mais ils ont tant fait de gambades pour la république, pour Napoléon, pour le roi, que cette variété vient d'être mise, par les savans, dans la classe des singes : tout est bien.

M. de Bonald reproche à notre siècle l'indifférence religieuse, qu'il appèle *religiosité*, comme l'effet de la corruption des mœurs. Ce grand métaphisicien n'a pas daigné observer ses contemporains, parce que l'expérience et l'observation feraient déroger son génie. Peut-être eût-il reconnu que cette indifférence provient de la maturité qui constitue la raison des peuples faits. L'antiquité et le moyen âge nous montrent les nations assises sur les débris vivans d'autres nations. L'esclavage, cette couche putréfiante qui fut le berceau des grands établissemens politiques en Europe, était un principe de corruption dont les peuples modernes se sont insensiblement dégagés.

M. de Bonald a le mérite incontestable du style, quoiqu'il ne soit pas exempt de cette malheureuse prétention académique poussée au-delà du ridicule par nos médiocres écrivains. Il est vrai que l'analogie est grande entre le luxe d'expression et l'indigence de pensée. Quand tout l'effort de l'esprit consiste à reproduire les fables dont on berça l'enfance de nos pères, il faut bien couvrir ces pauvretés du vernis éblouissant de la parole. « Les anciens! crie fortement et sans cesse cette vieille régente du monde, la routine; rien de bon que ce qui fut : toute innovation, tout crime : guerre au génie contemporain! qu'on l'étouffe, de crainte qu'il ne soit entendu! » Pourquoi ne répondrait-on pas à la routine? pourquoi ne l'attaquerait-on pas par-tout où elle prêche ses absurdités? pourquoi ne rirait-on pas de ses doctes niaiseries, de son ton pédantesque, de son faux savoir, de sa bouffissure, de ses traits livides qu'elle surcharge de blanc et de rouge, de sa parure antique qu'elle voudrait arranger aux caprices de la mode, de ses faux ornemens qui sont à l'opulence ce que le clinquant est à l'or? Ne pouvant la faire belle, ils veulent qu'elle paraisse riche.

Une cause éternelle d'erreurs est cette habitude que beaucoup de gens de mérite ont contractée de confondre ensemble les époques de l'histoire, et d'appliquer au temps présent les idées qui régissaient les anciens âges. Les moines, les parlemens, la féodalité ont eu leurs jours de gloire, leur utilité, leur à-propos; les diverses formes de gouvernement ont fait successivement prospérer le même peuple. Mais pourquoi s'obstiner à faire revivre des institutions bien et dûment mortes? N'est-ce pas vouloir revêtir un homme des habits de son enfance?

Le gouvernement de la république des lettres est disputé sans cesse par deux factions : stationnaires et novateurs. Les uns tournent le dos à l'avenir, et forment digue contre les autres; les uns sont pour le repos, les autres pour le mouvement. Les premiers ont pour eux l'autorité spécieuse des grands hommes du temps passé; les autres, livrés à leurs propres forces, appèlent à leur secours l'autorité de l'intérêt présent et des grandes passions humaines. Les premiers veulent briser le ressort de la volonté; les seconds veulent le tendre: ceux-là mettent en jeu la crainte, ceux-ci l'espérance; ceux-là rabaissent l'homme, ceux-ci l'élèvent; et j'avoue que tous sont utiles: car sans les stationnaires, les impétueux novateurs, voulant transformer les années en siècles, bouleverseraient tout par la précipitation; et sans les novateurs, la vie sociale ne serait que végétation ou même léthargie. *Tout est bien.*

RIGOMER BAZIN.

De l'imprimerie de RENAUDIN, rue des Trois-Sonnettes, N.º 94.

www.ingramcontent.com/pod-product-compliance
Lightning Source LLC
Chambersburg PA
CBHW061521040426
42450CB00008B/1729